ENTRADA

NO REINO
DE DEUS

Entrada no Reino de Deus

Nesta carta vamos falar de um assunto que acredito ser de extrema importância. E, sinceramente, oro para que esteja à altura do tema, e para que o Espírito Santo me torne capaz de dizer tudo o que tem de ser dito, e ainda para que todos os leitores tenham os corações e mentes abertos e recetivos à verdade da Palavra de Deus. O tema do estudo é a "Entrada no Reino de Deus." Como entra uma pessoa no Reino de Deus? E quero, como introdução, usar um texto de Atos capítulo 2, versículos 37-38:

E, ouvindo eles isto, compungiram-se em seu coração, e perguntaram a Pedro e aos demais apóstolos: Que faremos, irmãos? Pedro então lhes respondeu: Arrependei-vos, e cada um de vós seja batizado em nome de Jesus Cristo, para remissão de vossos pecados; e recebereis o dom do Espírito Santo. (NVI)

Então, estes homens eram judeus. Tinham a vantagem de pertencerem a uma nação que Deus tinha separado para Si próprio. Eram homens religiosos, acreditavam nas Escrituras, e estavam reunidos para um evento religioso em Jerusalém naquela altura. Contudo, quando a verdade da Palavra de Deus foi trazida até eles pelo apóstolo Pedro, sob a unção do Espírito Santo, aperceberam-se subitamente de que não estavam num relacionamento correto com Deus. Que não se encontravam no aprovisionamento de Deus, que tinha sido preparado para eles através do Messias, a quem Ele tinha prometido, Jesus de Nazaré. Estavam separados de Deus e não na Sua graça, nem relacionados com Ele da maneira correta, nem com a certeza do perdão dos pecados. Não tinham no coração aquela paz profunda, que pertence a todos os que vieram até Deus e permanecem numa relação correta com Ele. Eles não se tinham apercebido disto, como muitas pessoas não se apercebem, até que a Palavra de Deus foi trazida até eles sob a unção do Espírito Santo. Como está escrito,

...compungiram-se em seu coração... Atos 2:37 (NVI)

A espada afiada de dois gumes, do Espírito de Deus, atingiu os seus corações, penetrou através da sua fachada religiosa, através de todos os seus direitos por nascimento, por observância religiosa, e confrontou-os com o facto de que não estavam bem com Deus. E então perguntaram, "O que faremos?"

Agora, continuo a afirmar que leva muito tempo a Deus a pôr muita gente no ponto em que farão aquela pergunta com sinceridade. " O que faço?" "O que Deus quer de mim?" "Como poderei mudar a minha relação com Deus e entrar num relacionamento correto com Ele?" "Como posso entrar na provisão de perdão, salvação e graça de Deus?" "Como posso receber isto e o que devo fazer?" A maior parte das pessoas tem de atravessar um longo caminho na vida, através de muitos altos e baixos, cometendo muitos erros, tendo muitos desapontamentos, até que cheguem ao ponto em que farão essa pergunta com sinceridade, "o que faremos?". Mas estou convencido que mal um homem faça esta pergunta, Deus está pronto com a resposta. E a resposta é dada no versículo 38.

O apóstolo Pedro levanta-se aí como: o porta-voz de Deus pelo Espírito Santo, e o porta-voz da igreja de Jesus Cristo, a qual aí se manifestou e apresentou ao mundo como um corpo pela primeira vez na história. Esta é uma ocasião muito solene. A igreja, como um corpo, foi confrontada com uma questão, "O que temos de fazer?" E a Pedro foi dada a responsabilidade de responder em nome de Deus e em nome da igreja. E Pedro deu uma resposta muito definitiva, clara e específica. Leiamos o versículo 38, novamente:

Pedro então lhes respondeu: Arrependei-vos, e cada um de vós seja batizado em nome de Jesus Cristo, para remissão de vossos pecados; e recebereis o dom do Espírito Santo. (NVI)

Quero ilustrar a resposta de Pedro. Tenho aqui a resposta certa em três passos. E é como se apresenta. O primeiro passo, **arrepende-te**. O segundo passo, **batiza-te**. O terceiro, **recebe o Espírito Santo**. E está perfeitamente claro que o apóstolo Pedro deu esta resposta de um só fôlego. Ele não introduziu muitas causas ou qualificações. Disse apenas que se queres saber o que fazer, é isso o que Deus requer. Que te arrependas, que te batizes e que recebas o Espírito Santo.

Digo-lhes que esta resposta é muito diferente da que seria dada pela maioria dos pregadores ou das igrejas de hoje. Se pensarmos na parte evangélica da igreja, aqueles que pretendem ter a verdade do Evangelho, se lhe puserem a questão a um deles, "o que devo fazer?" a resposta normalmente seria, "bom, deves acreditar em Jesus Cristo, e serás salvo." Claro, não nego essa resposta, mas se a resposta de Pedro está correta, então, a resposta deles está tristemente incompleta. Outros grupos distintos dariam as suas respostas diferentes à questão, "o que devo fazer?" mas aqui temos a resposta de Deus: Três coisas, diz Deus, "arrependam-se, sejam **todos** batizados [é muito específico, não há omissões] , e recebam o Espírito Santo."

Não acredito que Deus pretendesse que esta resposta fosse dividida por fases, que ficassem separadas umas das outras por longos períodos de tempo. Nem acredito que qualquer parte da resposta fosse uma opção. Acredito sim, que Deus apresentou a resposta completa e que pretendia que os homens a recebessem tal como tinha sido dada. E assim vou sugerir-te hoje, com base na Palavra de Deus, que se vieres até Deus com sinceridade e vontade de te relacionares correctamente com Ele, Deus dar-te-á exatamente a mesma resposta hoje como a que foi dada por Ele, através de Pedro, aos homens em Jerusalém no dia de Pentecostes. **Tens de te arrepender, tens de ser batizado, e receberás o dom do Espírito Santo.** Muita gente, mesmo, teria sugerido que o arrependimento seria tudo o que era necessário. Outros teriam dito que se deviam arrepender e então quando a igreja tivesse serviço de batismo disponível, podiam dar o seu nome como candidatos a serem batizados. E finalmente, as pessoas do chamado "Movimento Pentecostal", provavelmente diriam que há uma maior experiência com Deus, que seria descoberta à medida que fossem progredindo na vida. Em devida altura, falaremos mais acerca desta experiência que vos conduz a uma vida mais profunda. É chamada o batismo no Espírito Santo, ou receber o Espírito Santo. Mas como podem observar, Deus não apresentou o assunto assim, de modo algum. Ele disse, **"Arrependai-vos, sejam batizados e recebam o Espírito Santo."** Repare que, com base no registo do texto, no Dia de Pentecostes, 3000 pessoas fizeram estas três coisas. Arrependeram-se, foram batizados, e pessoalmente, estou convencido de que todos receberam o Espírito Santo. Não o fizeram separadamente em fases sucessivas que pudessem ser observadas lentamente e à vontade e prazer de cada um. Mas a resposta foi completa e sucinta, três coisas: **Arrepende-te, batiza-te e recebe o Espírito Santo.** E estou convencido que Deus está trazendo a igreja de volta ao lugar onde a resposta dela hoje ao não crente, ao homem fora de Cristo e da verdadeira igreja – que deseje entrar no Reino de Deus, que deseje ser identificado com o povo de Deus, que deseje estar relacionado corretamente com o povo Deus, e com Deus através de Jesus Cristo, será precisamente a que foi dada pela igreja primitiva: **"arrepende-te, batiza-te e recebe o Espírito Santo."**

- O ARREPENDIMENTO -

Consideremos agora a natureza de cada uma das fases da provisão de Deus. Primeiramente debrucemo-nos sobre a palavra "arrepender." Há um grande mal entendido na mente da maior parte dos crentes acerca do que é verdadeiramente o arrependimento. A maior parte das pessoas, penso eu, associa a palavra arrependimento a alguma espécie de sentimento. Têm de soltar algumas lágrimas, e se possível, terão que estar de alguma maneira emocionalmente moldados. E então quando atingirem a emoção certa, descobrirão que se arrependeram . Claro que isto não é correto, e de facto, é extremamente enganoso. E muitas pessoas falharam a receber o que Deus pretendia para elas, porque não entenderam o requisito básico, o arrependimento. Há duas coisas acerca da palavra usada em grego tal como temos no Novo Testamento. A primeira é que o significado literal e normal da palavra é "mudar a mente". Isto mostra o facto de que o arrependimento não é uma emoção, de modo algum. É uma decisão, uma decisão interior da nossa vontade.

> Arrependimento é mudar a mente, é uma decisão interior da nossa vontade.

Em segundo lugar, a palavra que Pedro usa e o tempo em que a usa aqui, sem entrar em detalhes, indica que é algo que precisa ser feito uma vez, e de uma vez por todas. Não é um presente contínuo, que se repita todos os dias, mas arrepender uma vez e uma vez é o suficiente! Mudar a mente. O que significa isto? Significa que devem reconhecer que têm vivido de forma errada. Isaías 53:6 diz assim:

Todos nós andávamos desgarrados como ovelhas, cada um se desviava pelo seu caminho; mas o Senhor fez cair sobre ele a iniquidade de todos nós. (NVI)

Como vês, todos andávamos desgarrados, não todos necessariamente cometendo algum crime dramático ou hediondo, tal como roubar um banco, assassinar alguém ou cometer imoralidades sexuais. Mas todos nós nos desviamos, seguindo cada um o seu próprio caminho. E isto é verdade para todos os membros da raça humana sem exceções. Cada um de nós tomou o seu próprio caminho. Isto, nas Escrituras, é chamado "rebelião." Podem ser rebeldes muito religiosos. Há muitos rebeldes religiosos nas igrejas hoje. Exteriormente estão de acordo com os requisitos da sua igreja, mas interiormente nunca se submeteram a Deus. São rebeldes religiosos. Foi gente desta natureza a quem Pedro se dirigiu. Rigorosos nas suas observâncias religiosas. Crendo ser eles próprios o povo de Deus, mas ainda assim sem nunca terem tomado esta decisão interior. Que é fazer o quê? **É voltares do teu próprio caminho, parares nas tuas trilhas, dares a volta. Enfrentares o Deus Todo-Poderoso e por decisão deliberada da tua vontade, submeteres-te, sem reservas, a Deus, pronto para fazer o que quer que seja que Ele te mande fazer.**

Esta é a primeira resposta principal para Deus redimir alguém dos seus pecados. Arrependimento é a resposta primária que Deus requer de qualquer pessoa, em qualquer altura, em qualquer lugar. Sem arrependimento não se pode entrar no resto da provisão de Deus. Se há algo que precisamos mesmo, hoje, no mundo e na igreja, é a compreensão da natureza do arrependimento.

Quero repetir, quero enfatizar; Arrependimento não é uma emoção, é uma decisão. A decisão da nossa vontade. Seguiste o teu próprio caminho. Voltaste as costas a Deus. Estás agradando a ti próprio. Estás a fazer o que achas ser correto. Estás a seguir o teu próprio padrão. Estás escolhendo o teu próprio caminho, e subitamente és detido pelo Espírito Santo! Ele convence-te! O que fazer? **Para** onde estás, dá uma volta de 180 graus, enfrenta o Deus Todo-Poderoso, e diz, ***"Deus, tenho estado a viver da forma errada, mas mudei de ideias. De agora em diante, submeto-me a***

Ti. De agora em diante, o que quer que seja que me peças, quero fazê-lo." Se nunca tomaste uma decisão destas, ponho em dúvida se alguma vez te arrependeste verdadeiramente.

Muitas pessoas que encontro professando-se cristãos, estão lutando por fé. Parecem estar sempre lutando por fé. Descobri, por experiência e pelo que vi pelas Escrituras, que na maior parte dos casos, a razão porque estão lutando por fé, tem a ver com o facto de nunca terem praticado o arrependimento.

Quero tomar algum tempo para mostrar que através da mensagem de João, podes resumir tudo numa só palavra, **arrependimento**. João pregou no deserto o batismo do arrependimento para remissão dos pecados. **O coração de Israel tinha de estar preparado, pela mensagem do arrependimento, para que o Messias pudesse vir.** Isto faz-me ficar boquiaberto, quando considero que havia um tempo definido para a vinda do Messias. Predito em profecia em Daniel e em outros lugares. Deus sabia quando viria o Messias. Mas no entanto, Ele não pôde vir até que os corações do povo de Deus estivessem preparados por João o Batista, chamando-os de volta a Deus em arrependimento. Estou convencido que o mesmo se aplica à segunda vinda de Jesus Cristo – que há uma altura definida na presciência de Deus, para a vinda de Jesus. Mas estou igualmente convencido de que Jesus não pode vir enquanto o povo de Deus não estiver novamente preparado através, precisamente, da mesma mensagem, a mensagem do arrependimento. A maioria de cristãos professos, diria eu, mais de 90 por cento, necessita o desafio da chamada de Deus para o arrependimento, tal como o povo de Deus, Israel, necessitava nos dias de João o Batista.

Assim, quando João o Batista completou o seu ministério e foi posto numa prisão, como está relatado em Marcos, capítulo 1 e versículo 14, "Jesus veio...pregando o Evangelho do reino." E a primeira exortação ou mandamento que saiu dos lábios do Senhor foi esta única palavra, **arrependei-vos**.

E dizendo: O tempo está cumprido, e o reino de Deus está próximo. Arrependei-vos, e crede no evangelho. Marcos 1:15 (ACRF)

Jesus nunca exigiu que ninguém cresse sem primeiro o chamar para o arrependimento. "arrependam-se e creiam no Evangelho."

Em Lucas 13, vemos que durante o primeiro ministério de Jesus, Ele foi questionado acerca de alguns homens que aparentemente tinham estado a oferecer sacrifícios, e Pilatos tinha mandado os seus soldados abater esses homens enquanto estavam a oferecer os seus sacrifícios a Deus, e assim o seu próprio sangue tinha sido misturado com o sangue dos sacrifícios. E o povo perguntava a Jesus, porque aconteceu isto a esses homens, eram maiores pecadores, maiores do que todos os outros galileus? E Jesus disse,

... se não se arrependerem, todos vocês também perecerão". Lucas 13:3 (NVI)

E então Ele disse:

Ou vocês pensam que aqueles dezoito que morreram, quando caiu sobre eles a torre de Siloé, eram mais culpados do que todos os outros habitantes de Jerusalém? Lucas 13:4 (NVI)

Ele disse, Não. Mas eu digo-te assim,

... se não se arrependerem, todos vocês também perecerão". Lucas 13:5 (NVI)

A única alternativa ao perecimento é o arrependimento. Não há outra forma de escapar ao julgamento de Deus sobre o pecado exceto através do arrependimento.

A única alternativa ao perecimento é o arrependimento. Não há outra forma de escapar ao julgamento de Deus sobre o pecado exceto através do arrependimento.

Depois de Jesus ter completado o Seu ministério na terra, ter morrido e ressuscitado dos mortos, nós lemos em Lucas 24 que Ele falou aos Seus discípulos e lhes explicou o plano de Deus. Como o Messias tinha tido de sofrer e de morrer e de ressuscitar dos mortos ao terceiro dia, e então disse em Lucas 24:47:

E em seu nome se pregasse o arrependimento e a remissão dos pecados, em todas as nações, começando por Jerusalém. (ACRF)

A primeira coisa a ser pregada quando o evangelho é transmitido, não é o perdão dos pecados, mas o arrependimento.

A primeira coisa a ser pregada quando o evangelho é transmitido, não é o perdão dos pecados, mas o arrependimento.

Arrependimento e perdão dos pecados devem ser pregados em Seu nome a todas as nações, começando por Jerusalém. E já vimos em Atos 2:38, a primeira vez em que a igreja de Jesus Cristo foi questionada acerca do que Deus queria dos pecadores, a primeira palavra que deram em resposta foi, "**Arrepende-te**, sê batizado, recebe o Espírito Santo."

Em Atos 3:19, Pedro fala novamente ao povo Judeu depois da cura do homem coxo na porta Formosa. Tinham-se juntado todos para descobrir como tinha acontecido este milagre. E Pedro disse-lhes,

Arrependei-vos, pois, e convertei-vos, para que sejam apagados os vossos pecados, Atos 3:19 (ACRF)

Ser convertido é ser levado a "dar a volta". Precisamente a segunda parte da transação do arrependimento. Tu paras, dás a volta, encaras Deus, e submetes-te a Ele. Isso é o arrependimento.

> Arrependimento é: parar, dar a volta e submeter-te a Deus através de Jesus Cristo.

E perguntam-lhe, o que aconteceu a este homem? E ele disse, foi curado em nome de Jesus. Eles disseram bem, o que significa isso para nós? Ele disse, significa que tens de arrepender-te, de ser convertido, de dar a volta e de submeter-te a Deus através de Jesus Cristo. Deus nunca mudou este requisito.

Em Atos 17:30, encontramos o apóstolo Paulo na cidade de Atenas – no centro intelectual, na cidade universitária do mundo antigo – pregando, não principalmente aos Judeus, mas aos Gentios, pessoas cultas, educadas, sofisticadas. E ele disse-lhes acerca da sua idolatria e das suas falsas religiões, em Atos 17:30,

Mas Deus, não tendo em conta os tempos da ignorância, anuncia agora a todos os homens, e em todo o lugar, que se arrependam; (ACRF)

Bem, se Deus mandou a todos os homens em todo lugar que se arrependessem, não há exceção. Ninguém e nenhum lugar são omitidos no requisito de Deus acerca do arrependimento. **Deus agora comanda a todos os homens e por toda a parte que se arrependam.**

E em Atos 20:21, encontramos o apóstolo Paulo falando aos anciãos da igreja de Éfeso, e ele lembrou-os do seu ministério e da sua mensagem aos Efésios. E contou-lhes como, desde o primeiro dia que tinha estado entre eles, tinha passado no meio deles testemunhando, tanto aos judeus como aos gregos, o arrependimento para com Deus e a fé para com Senhor Jesus Cristo. Deus nunca ofereceu a ninguém a fé, sem primeiro exigir

11

o arrependimento. Arrependimento para com Deus e fé para com Senhor Jesus Cristo.

Primeiro paras, paras nos teus trilhos, paras o que estás fazendo, paras as tuas maneiras apressadas, paras a tua rebelião, a tua vontade própria, orgulho, autossuficiência, ... **PARA!!** Volta-te e submete-te a Deus. Em seguida, podes crer. Tentar crer sem arrependimento é um processo muito doloroso e algumas pessoas, talvez tu, provavelmente já descobriram isso. É por isso que estão lutando por fé, e essa luta não é com a fé, mas sim com o arrependimento. Quando chegar o arrependimento, ficarás surpreendido ao verificar como é fácil ter fé.

Em Hebreus 6:1-2, temos o fundamento doutrinal da fé cristã. O escritor de Hebreus fala de lançar os alicerces. E especifica seis doutrinas (que são o tema da minha série de livros, *os alicerces da fé cristã*. E este tema é baseado nestas seis doutrinas, que estão declaradas aqui em Hebreus capítulo seis, como o fundamento). É claro que Jesus Cristo é o fundamento, mas o fundamento doutrinal posto sobre a morte e ressurreição de Jesus Cristo é sêxtuplo. E diz assim:

... do arrependimento de obras mortas e de fé em Deus, e da doutrina dos batismos, e da imposição das mãos, e da ressurreição dos mortos, e do juízo eterno. Hebreus 6:1-2 (ACRF)

Estas seis doutrinas são o fundamento da fé Cristã.

Qual é a primeira doutrina do fundamento? O arrependimento de obras mortas. O que são obras mortas? Tudo o que não é feito em fé perante Deus e em obediência à Sua vontade revelada, é uma obra morta. Ir à igreja é uma obra morta, cantar hinos é uma obra morta, orar é uma obra morta, se não for feito com base no arrependimento.

> Tudo o que não é feito em fé perante Deus e em obediência à Sua vontade revelada, é uma obra morta.

A primeira coisa que tens de fazer, é parares de fazer tudo o que tens feito, submeteres-te a Deus, e então fazer só o que Deus revelar ser Sua vontade. Aí fazes em fé.

Agora vês muitos e muitos cristãos vivendo num edifício muito instável. Lembro-me que na cidade de Jerusalém, há anos, vivemos numa casa construída por um assírio, um homem de Belém. E este homem tinha tido autorização do governo britânico em Jerusalém, que então controlava a cidade, para construir uma casa de dois andares. Os planos foram aprovados, e lançadas as bases. Mas ele decidiu que queria tirar mais lucro da sua casa e então acrescentou um terceiro andar. Sabes o que aconteceu enquanto vivíamos nessa casa? As bases começaram a afundar. Num canto toda a casa começou a ceder e a inclinar-se. Porquê? Porque a base não era suficientemente forte para aguentar um terceiro andar.

Agora, encontras bastantes cristãos que começam a estar um pouco distorcidos. Simplesmente não estão tão firmes e na vertical tal como Deus queria que estivessem e que eles desejassem. Sabes qual o problema? Nunca colocaram a primeira pedra do alicerce. E no canto onde deveria ter sido colocado o arrependimento, há apenas terra e cascalho, e a casa começa a afundar-se e a inclinar--se. Porquê? Porque falharam na primeira doutrina do fundamento: arrependimento de obras mortas.

No livro final do Novo Testamento, o livro Apocalipse, verás que Jesus através do apóstolo João, mandou mensagens com instruções, encorajamento e repreensão, a sete igrejas, as sete igrejas na Ásia. E se analisares o que Jesus disse, verás que apenas duas igrejas, foram aceites por Ele, plenamente, na sua conduta e doutrina. Todas as outras tiveram alguns erros na conduta ou na doutrina, os quais Ele teve de lhes apontar. Para cada igreja que, de alguma forma, estava em erro, quer em conduta, quer em doutrina, o primeiro requisito de Jesus foi: **arrepende-te!** Como vês, em qualquer altura que alguém se desvie da vontade de Deus, cai na desobediência, vira costas a Deus; o primeiro requisito que nunca pode ser contornado, é o arrependimento. E é aqui onde Deus começa a lidar com a pessoa que deseja a entrada no Reino de Deus, é com o arrependimento. A decisão interior.

- O BATISMO NA ÁGUA -

E agora o próximo requisito de Deus dado por Pedro em Atos 2:38, é

E disse-lhes Pedro: Arrependei-vos, e cada um de vós seja batizado em nome de Jesus Cristo, para perdão dos pecados; e recebereis o dom do Espírito Santo; (ARCF)

"Arrependimento", decisão interior, "ser batizado," ato exterior. E então "receber o Espírito Santo,"o equipamento para a vida Cristã, seguindo estas duas primeiras fases.

> "Arrependimento", decisão interior,
> "ser batizado,"ato exterior.

Observemos um pouco a natureza do batismo. Vê o que a Escritura ensina sobre o batismo. O batismo na água é um passo da maior importância, gravemente subestimado pela maioria dos cristãos professos. O requisito do apóstolo Pedro no dia de Pentecostes foi específico: "Arrependei-vos e cada um de vós seja batizado" sem omissão. E se analisares a missão que Jesus deu aos Seus discípulos no fim do Seu ministério na terra, está registado em dois evangelhos – Mateus e Marcos. Mateus 28:19-20,

Portanto ide, fazei discípulos de todas as nações, batizando-os em nome do Pai, e do Filho, e do Espírito Santo; Ensinando-os a guardar todas as coisas que eu vos tenho mandado; e eis que eu estou convosco todos os dias, até a consumação dos séculos. Amém.

Foi esta a Sua missão. A evidência imediata de ser um discípulo, foi ser batizado. "Façam discípulos de todas as nações, batizando-os em nome do Pai, e do Filho, e do Espírito Santo." O ensinamento dirigido a eles foi continuarem na completa obediência da vontade revelada de Deus. Mas a primeira evidência externa de discipulado foi o batismo.

> A evidência imediata de ser um discípulo, foi ser batizado.

Agora, em Marcos 16:15-16, a missão de Jesus é dada assim:

... Ide por todo o mundo, pregai o evangelho a toda criatura. Quem crer e for batizado será salvo;... (ACRF)

Jesus nunca fez uma provisão a uma pessoa que acreditasse mas não fosse batizada. Ele assumia sem reserva que todas as pessoas que ouviam o evangelho, e se submetiam ao discipulado, seriam em consequência disso, batizadas. E não há qualquer provisão feita em qualquer das Suas duas missões para que alguém não fosse batizado. "Façam discípulos de todas as nações batizem-nos em nome do Pai, e do Filho, e do Espírito Santo... Preguem o evangelho a todas as criaturas, pois aquele que crer e for batizado, será salvo." No Dia de Pentecostes disseram, "O que faremos?" e Pedro disse, "Arrependam-se e sejam batizados." "Arrependam-se," a decisão interna; "sejam batizados" um ato externo.

O significado do *batismo*, **na sua essência, é a identificação com o Senhor Jesus Cristo em três experiências sucessivas: morte, sepultamento e ressurreição.**

> O batismo é a identificação com o Senhor Jesus Cristo na morte, no sepultamento e na ressurreição.

Paulo diz em Romanos 6:3-4:

Ou não sabeis que todos quantos fomos batizados em Jesus Cristo fomos batizados na sua morte? De sorte que fomos sepultados com ele pelo batismo na morte; para que, como Cristo foi ressuscitado dentre os mortos, pela glória do Pai, assim andemos nós também em novidade de vida.(ACRF)

E em Colossensses 2:12, ele diz,

Sepultados com ele no batismo, nele também ressuscitastes pela fé no poder de Deus, que o ressuscitou dentre os mortos. (ACRF)

No batismo contamos com nós próprios como, de facto, mortos para o pecado, mas vivos para Deus. Estando mortos, seguimos para a outra fase, a do sepultamento, e seguindo Jesus no sepultamento, seguimo-Lo na ressurreição. Mas não temos o direito de seguir até à ressurreição a não ser pelo caminho seguido por Jesus – o caminho do sepultamento, o caminho do túmulo. É tudo muito claro. **A identificação é dupla. Jesus identificou-se contigo e comigo como pecadores.** Ele tomou o nosso lugar, tornou-se nosso substituto. Ele tomou sobre si a nossa natureza caída, carnal, rebelde. Ele morreu a nossa morte. Morreu como nosso substituto. Morreu em nosso lugar. Foi a Sua identificação com o pecador. Agora, para alcançar a salvação, o pecador através da fé tem de completar essa identificação. Devo dizer, "Sim, quando Jesus morreu na cruz, eu morri. A Sua morte foi a minha morte. 'O meu velho eu' morreu Nele quando Ele morreu." Então digo, "Ao morrer com Ele, devo segui-Lo, desde a morte até ao sepulcro e depois até à ressurreição." **E o batismo na água como exposto no Novo Testamento, pelos apóstolos, é o ato de identificação aberta e pública com o Senhor Jesus Cristo, na morte, no sepultamento e ressurreição.** E não há a mais pequena sombra de dúvida, de que na igreja primitiva, a cada convertido novo, a cada pessoa que se tornou discípulo, foi requerido imediatamente que se identificasse em público por esta ordenança do batismo com aquele a quem se tinha confessado como Salvador e Senhor. E o caminho para entrar em comunhão com a igreja do Novo Testamento era o caminho do batismo. Foi ordenado por Deus e pela igreja, que, cada crente que reclamasse salvação e vida eterna através de Jesus Cristo, teria de estar disposto a ser identificado publicamente com Jesus na morte, no sepultamento e na ressurreição. E, na verdade, na minha opinião, é este o maior privilégio que se pode oferecer a um pecador aqui na terra, é ser identificado publicamente com o Seu Senhor nestas três fases vitais: morte, sepultamento e ressurreição. E não é só perante o homem, mas perante todo o universo que esta transação tem lugar. Deus, os anjos santos, o diabo, os anjos caídos, os demónios, e a raça humana – todos são testemunhas do crente que se identifica com Jesus por esta ordenança do batismo. **A igreja primitiva não conhecia outro meio de se identificar com Jesus, nem outra entrada no reino e na comunhão com o povo de Deus na terra senão o do batismo na água.**

Já alguma vez te ocorreu que no Dia de Pentecostes, 3000 pessoas foram batizadas? Podes ler isso sem te aperceberes. Batizei um número considerável de pessoas na minha vida, e normalmente, levava apenas dois minutos para batizar uma pessoa. Mais depressa do que isso é um exagero. Assim, se batizares 3000 pessoas num dia, são precisos 6000 minutos. Sabes quantas horas correspondem a isso? Cem horas! Muito bem, a Escritura não revela quantos batizavam, mas penso que seria muito razoável que os doze apóstolos o fizessem. Assim, se 12 pessoas levassem cem horas, quanto teria gasto cada pessoa? Oito horas e meia. Agora vês que não compreendemos a impressão que foi criada em Jerusalém e entre todo o povo de Deus por um serviço batismal que levou oito horas. A partir daí, não houve uma pessoa que tivesse ouvido acerca disto, que não soubesse o que era requerido se quisesse tornar-se cristão. O que era? Ser batizado. Este foi o impacto. Foi a imagem pública que foi apresentada ao mundo quando essas pessoas vieram para a igreja. Cada um deles entrou na água, foi submetido a um apóstolo, foi sepultado e ressuscitou pela ressurreição dos mortos, e foi assim identificado com o desprezado e rejeitado Nazareno de quem então se tinham tornado discípulos. E todo o mundo primitivo, tanto o crente como o incrédulo, soube claramente que, para se tornar cristão era daquela maneira. Não havia outra maneira reconhecida tanto por crentes como por incrédulos.

Lendo o livro de Atos não se encontra uma única pessoa convertida sem ser imediatamente batizada. Não encontras mesmo!

Vou dar apenas alguns pequenos exemplos. Em Atos 8:12, lemos que Filipe foi até à Samaria e pregou Cristo, foi toda a sua pregação, Cristo. Mas no versículo 12, está escrito,

Mas, como cressem em Filipe,..., se batizavam, tanto homens como mulheres.(ACRF)

Quando ouviram a mensagem de Cristo, souberam que incluía o batismo. Sabiam que lhes era exigido que se identificassem com o Senhor, a quem tinham dado a sua fé, com este ato externo, esta ordenança pública, de morte, sepultamento e ressurreição. Um pouco mais à frente, no oitavo capítulo de Atos, no ministério de Filipe, subsequente a esta situação na Samaria, ele estava na estrada de Jerusalém para Gaza, encontrou um eunuco etíope na sua carroça, lendo o profeta Isaías, levantou-se e disse, "Entendes o que estás lendo?" O homem disse que não. Estava a ler a partir do 53° capítulo de Isaías acerca de Jesus sendo levado como uma ovelha para o matadouro, e diz que Filipe a partir da mesma Escritura lhe anunciou Jesus. Sabes que há uma coisa acerca de Filipe que gosto, a sua mensagem não era complicada. Quando foi para Samaria, pregou Cristo, quando encontrou o eunuco, pregou Jesus. Um pouco mais tarde diz que estavam a passar por uma poça de água ao lado da estrada e o eunuco disse, e não Filipe, "Veja, tem aqui água, o que impede que eu seja batizado?" O que tinha sido pregado por Filipe? Jesus. O que tinha o eunuco entendido? Se creio em Jesus, é melhor ser batizado. Não esperarei até chegar a Gaza e à costa, pois tem aqui uma poça de água no caminho, deixa-me entrar nela agora mesmo. E Filipe entrou na água com ele, e ele foi batizado.

Como vês, o batismo era assunto de extrema urgência para os que ouviam o evangelho pela igreja primitiva. Nunca foi algo a ser tratado com leviandade, adiado ou feito à vontade e prazer de cada um. Nem era caso de ter de se esperar por um serviço batismal que se faria semanas mais tarde. Era, sim, algo a ser feito quando se acreditasse em Jesus Cristo. **O arrependimento era a decisão interna, o batismo o ato externo que selava a decisão interna, tornando-a efetiva e pública.**

Em Atos 9, lemos acerca da conversão de Saul de Tarsus, que se tornou apóstolo Paulo. E lemos como Ananias lhe foi enviado, impôs as mãos sobre ele para que recebesse a visão, e ficasse cheio do Espírito Santo. No versículo seguinte diz, "Paulo levantou-se imediatamente e foi batizado." À mesma hora. E ao registar este acontecimento, em Atos 22:16, o apóstolo Paulo fala-nos acerca de algo que Ananias disse. Que não está registado em Atos 9. Mas em Atos 22:16, Paulo conta que Ananias lhe disse:

E agora por que te deténs? Levanta-te, e batiza-te, e lava os teus peca-dos, invocando o nome do Senhor. (ACRF)

Por outras palavras, estás a espera de que? Acreditas em Jesus, o que fazes? Batiza-te. Como podes ver, deturpámos completa-mente a atitude da igreja primitiva e do ensinamento do Novo Testamento acerca do batismo na água. Até os Batistas mais orto-doxos estão longe das bases escriturais nesta questão do batismo.

Muito bem, vejamos um pouco mais à frente. Atos 10:44-46. Pe-dro, relutantemente, foi até à casa de um Gentio, Cornélio, começou a falar-lhe de Jesus sem nunca acabar o seu sermão. O Espírito Santo veio sobre eles, e eles foram batizados no Espírito Santo. E diz que os crentes Judeus que vieram, ficaram atónitos, em perceber que também sobre os gentios foi derramado o dom do Espírito Santo, porque os ouviram falar em línguas e magnificar a Deus. Seria isso suficiente? Absolutamente não! Pedro disse,

... Pode alguém porventura recusar a água, para que não sejam batizados estes, que também receberam como nós o Espírito Santo? Atos 10:47 (ACRF)

Ser batizado no Espírito Santo não substitui ser batizado na água. E quero dizer aos meus bons amigos da antiga linha de denominações que, o facto de terem sido batizados no Espírito Santo e falado em línguas, não os dispensa da obrigação de serem batizados na água. Toda a casa de Cornélio foi batizada no Espírito Santo, como relatam as Escrituras, Pedro **os mandou serem batizados. Não era uma questão opcional** para a igreja primitiva. Era um requisito explícito de Deus. Se te quiseres reconciliar com Deus, arrepende-te, batiza-te e recebe o Espírito Santo. E se receberes o Espírito Santo primeiro, isso não significa que possas ultrapassar o requisito de ser batizado.

Se te quiseres reconciliar com Deus, arrepende-te, batiza-te e recebe o Espírito Santo.

Atos 16, provavelmente o mais dramaticamente real de todos, a cena em Filipos, quando Paulo e Silas estavam na cadeia cantando louvores a Deus no meio da noite, e houve um terramoto, as fundações da cadeia ruíram, todas as portas se abriram, as amarras de todos foram soltas, os prisioneiros estavam livres. O carcereiro apareceu e ia cometer suicídio porque teria de responder com a vida por todos os prisioneiros que escapassem. Paulo disse, "Não te magoes a ti próprio, estamos todos aqui." E então o homem ficou tão impressionado com esta demonstração de amor que entrou tremendo e disse, "Senhores, o que devo fazer para ser salvo?" Diz que lhe responderam, "Crê no Senhor Jesus Cristo, e serás salvo assim como toda a tua casa." E está escrito que lhe falaram a Palavra do Senhor, e a todos que estavam na sua casa. E o que aconteceu? Foram todos batizados imediatamente. Não esperaram pelo amanhecer. Foram batizados no meio da noite. Como vês, é assim a urgência do Novo Testamento. Totalmente diferente da mensagem que se ouve em 99 por cento das igrejas, ou de 99 por cento dos pregadores. Estamos longe da realidade da igreja primitiva no Novo Testamento

Eu estava a falar sobre o batismo na água, a um grupo de pessoas em Ft. Lauderdale, na Florida, cerca de um ano atrás, e eles disseram, "queremos ser batizados". Perguntaram, "Aonde podemos ser batizados?" Bem, disse eu, "O oceano devia ser suficientemente grande" (O oceano Atlântico fica apenas a algumas milhas a este). Disseram eles, "Iremos lá. Quer batizar-nos?" Era cerca da meia noite e eu disse, "Claro." Desci até à praia com eles, batizei-os. Eles viviam em Miami e então entraram nos seus carros, com as mesmas roupas com que tinham estado no mar e conduziram completamente molhados mas extremamente felizes de Ft. Lauderdale até Miami. É assim o cristianismo do Novo Testamento. É: o que tenho de fazer? ...crê no Senhor Jesus Cristo. E isso significa apenas crer? Não, significa crer **e** ser batizado.

Agora quero que repares que não há registo de ninguém ser batizado, a quem não tenha sido primeiro ensinado a Palavra e tenha crido Nela. O primeiro requisito para ser batizado está claramente declarado em três passagens da Escritura. Mateus 28:19

Portanto ide, fazei discípulos de todas as nações, batizando-os em nome do Pai, e do Filho, e do Espírito Santo; (ACRF)

Fazei primeiro discípulos e então batiza-os. Marcos 16:16:

Quem crer e for batizado será salvo;...

O que deves fazer em primeiro lugar? Crer, e então ser batizado. Atos 2:38:

Que faremos, irmãos?... Arrependei-vos, e cada um de vós seja batizado em nome de Jesus Cristo,

Antes de uma pessoa estar qualificada para o batismo, deve fazer três coisas. Tornar-se discípulo, arrepender-se e crer. Uma pessoa que não se possa tornar discípulo, não se possa arrepender, nem crer, não tem direito de ser batizado. Os bebés não podem, por natureza, preencher nenhum daqueles requisitos. Os bebés não podem tornar-se discípulos, arrepender-se nem acreditar. Então que idade deve uma pessoa ter? Idade suficiente para crer. Idade suficiente para se arrepender. É tão simples.

Em Jerusalém, há anos atrás, a minha esposa teve uma menina judia que tinha acompanhado desde bebé. E esta menina tornou-se uma verdadeira crente bastante cedo, com a idade de 5 anos. Ela disse à minha esposa, "mamã, quero ser batizada." A minha esposa retorquiu, "bem, acho que és muito nova." Então ela disse, "Porque sou muito nova? Disseste crê e sê batizada, e eu creio. Porque não posso ser batizada?" Aí, a minha esposa levou-a à missão da Assembleia de Deus e disse ao pastor, "Importa-se de falar a sós com ela e perceber se está preparada para ser batizada?" Então o pastor levou-a para o seu escritório, falou com ela, fez-lhe perguntas, descobriu que ela compreendia as Escrituras e tinha uma verdadeira e real fé em Jesus. Disse então, "Não vejo razão para que não seja batizada." Foi pois batizada lá, e era época de Natal, pelo que estava mesmo frio, e ela era uma coisa pequenina e frágil. A minha esposa pôs-lhe uma veste longa e branca. O pastor levou-a em seus braços até ao batistério, e a minha esposa pensou, "Bem, agora voltei novamente ao batismo infantil, o que fui fazer!"E então quando o pastor imergiu esta criança e a levantou de novo, sabes o que Deus fez? Batizou-a no Espírito Santo. Ela falou em línguas lá no batistério. Foi esta a afirmação de Deus de que estava tudo bem. "Se Eu posso batizá-la no Espírito Santo, vós não errastes em batizá-la na água!" Então qualquer um que pode ser batizado no Espírito Santo pode ser batizado na água.

Já lemos que toda a família de Cornélio foi batizada no Espírito Santo. (Atos 10). Em Atos 16 toda a família do carcereiro de Filipos ouviu a Palavra de Deus e creu. Não havia bebés entre eles. Assim, só há um género de pessoas desqualificadas: os bebés. Simplesmente porque um bebé não consegue satisfazer os requisitos básicos. Não se pode tornar um discípulo, não se pode arrepender, não pode crer. Á medida que tenha idade suficiente e deseje fazer essas coisas, está com idade suficiente para ser batizado. E digo-te que a idade espiritual não está ligada a idade natural. Muita criança pequena de cinco anos é mais madura espiritualmente do que um Cristão professo de cinquenta. Mas, tem de ter idade suficiente para se arrepender, acreditar e tornar-se um discípulo.

- O BATISMO NO ESPÍRITO SANTO -

Vamos agora ver a terceira provisão ou requisito de Deus, o batismo no Espírito Santo. **O que é o batismo no Espírito Santo?** Primeiramente, **é uma imersão.** Em segundo lugar, **é um beber, receber no interior,** e em terceiro lugar segue-se **o transbordar.**

Olhemos para estas três fases sucessivas e vejamos o que a Escritura ensina. Primeiro, vejamos Atos 1:5 e encontramos a promessa.

Porque, na verdade, João batizou com água, mas vós sereis batizados com o Espírito Santo, não muito depois destes dias. (ACRF)

Isto foi dito aos homens que já eram Cristãos comprometidos. Já se tinham arrependido, tinham crido, e tinham comprometido as suas vidas a Jesus. Mas Jesus disse, há algo mais. Também é preciso o batismo no Espírito Santo.

Então em Atos 1:8, Jesus contou-lhes o propósito do batismo.

Mas receberão poder quando o Espírito Santo descer sobre vocês, e serão minhas testemunhas em Jerusalém, em toda a Judéia e Samaria, e até os confins da terra". (NVI)

O propósito do batismo no Espírito Santo é basicamente **incutir--te com poder sobrenatural para te tornares uma testemunha eficaz do Senhor Jesus Cristo.** Acho que se poderia dizer que se todas as pessoas no imediato momento em que se convertessem, morressem e fossem para o céu, o batismo do Espírito Santo não seria necessário. Mas a maior parte de nós não morre, vive! E se vivessem como eu, vivi trinta anos como crente desde que vim para Jesus Cristo. E nesses trinta anos, tive necessidade contínua e desesperada de mais do que poder natural, mais do que sabedoria natural, mais do que força natural, mais do que a minha própria capacidade ou educação para me habilitar a viver eficazmente para Jesus Cristo. Como providenciou Deus isso? Através do batismo do Espírito Santo. E é essa a provisão de Deus para o testemunho eficaz e vida cristão neste mundo. Arrependimento e batismo qualificam-te para o céu, mas o batismo do Espírito Santo qualifica-te para a terra!

> Arrependimento e batismo qualificam-te para o céu, mas o batismo do Espírito Santo qualifica-te para a terra!

E a maioria de nós precisa dessa qualificação, porque não vamos morrer na altura imediata em que pomos a fé em Jesus Cristo. Temos de viver para Ele. No fundo é muito mais fácil morrer do que viver. E o mais difícil é mesmo viver para Cristo. Deus fez esta provisão sobrenatural, o batismo no Espírito Santo. É uma experiência sobrenatural, porque temos um testemunho sobrenatural. Dizemos às pessoas que um homem que morreu numa cruz romana há dois mil anos não está morto, está vivo. Isto é sobrenatural. Se usarmos apenas poder e sabedoria naturais enquanto o testemunho é sobrenatural, então temos uma falta de equilíbrio. O mundo sente isso imediatamente. Jesus disse, não saiam e comecem a falar ao povo acerca da Minha ressurreição até que tenham experimentado esse poder. Então o vosso testemunho terá o poder correspondente a esse testemunho. Testemunho sobrenatural, e poder sobrenatural para o acompanhar. É esta a base lógica para o batismo do Espírito Santo. **O batismo no Espírito Santo foi considerado tanto quanto necessário e normal, como o batismo na água.**

Se olharmos para Atos 8, já estudámos isso em relação ao batismo, vemos o que os crentes Samaritanos experimentaram quando acreditaram em Filipe. Foram batizados na água. E tiveram experiências maravilhosas. Foram convertidos, curados miraculosamente, foram libertados de espíritos malignos. Muita gente diria, "Não é maravilhoso, o que se passa na Samaria?" Mas não a igreja primitiva. Em Atos 8:14,15 está escrito,

Os apóstolos em Jerusalém, ouvindo que Samaria havia aceitado a palavra de Deus, enviaram para lá Pedro e João. Estes, ao chegarem, oraram para que eles recebessem o Espírito Santo, (ACRF)

E à medida que lemos o livro de Atos, encontramos em Atos 9, o capítulo seguinte no qual se relata que o apóstolo Paulo foi convertido, Ananias foi mandado impor as mãos sobre ele "para que ele pudesse ficar cheio do Espírito Santo". Em Atos 10, quando Pedro foi à casa de Cornélio, enquanto ele ainda falava,

... o Espírito Santo desceu sobre todos os que ouviam a mensagem. Atos 10:44 (ACRF)

Foram batizados no Espírito Santo. E em Atos 19, Paulo foi para Éfeso, encontrou alguns discípulos, descobriu que eles só conheciam o batismo por João Batista, e falou-lhes acerca de Jesus, da Sua morte e ressurreição, e está escrito que quando acreditaram em Paulo, foram batizados e no sexto versículo relata que quando Paulo,

...lhes impôs as mãos, veio sobre eles o Espírito Santo, e começaram a falar em línguas e a profetizar. Atos 19:6 (ACRF)

A igreja primitiva aceitou literalmente, e praticou definitivamente os requisitos apresentados por Pedro. Arrepende-te, sê batizado, recebe o Espírito Santo. **Não conheciam nenhum outro programa para a pessoa que quisesse entrar no reino de Deus, a não ser passar por estas três fases. Arrependimento, batismo e receber o Espírito Santo.**

O que é então o batismo do Espírito Santo? Em primeiro lugar, é um batismo. E sem querer ser controverso, acontece que estudei a linguagem grega desde os meus 10 anos, e sou qualificado para ensinar a nível universitário, e não há sombra de dúvida de qual o significado da palavra grega *"baptize"*. Quer dizer "penetrar" "mergulhar" "imergir". É exatamente esse o significado. Se não houver imersão, não há batismo.

Se não houver imersão, não há batismo.

É a única coisa que podemos afirmar. O batismo pelo Espírito Santo é um batismo. Mas é o que eu chamo o batismo nas Cataratas de Niagara. É uma imersão vinda de cima. Já se deteve a observar e a admirar as Cataratas de Niagara? Bom, estive lá não há muito tempo, e enquanto lá estive, não pela primeira vez, e a observar aquelas quedas de água, pensei, ninguém estaria lá em baixo, debaixo das quedas de água, durante meio segundo, sem ficar encharcado até ao osso, como se costuma dizer. Estariam imersos. Não por baixo, mas de cima. Então, no batismo na água, imerge-se nela, a pessoa vai para dentro da água. Mas no batismo do Espírito Santo, o Espírito desce sobre a pessoa. Fica imersa de cima.

E em qualquer lugar que fale acerca de pessoas sendo batizadas no Espírito Santo, descreve o que acontece no livro de Atos, e declara especificamente que o Espírito Santo desceu sobre eles. Em Atos 2 está escrito:

E de repente veio do céu um som, como de um vento veemente e impetuoso, e encheu toda a casa em que estavam assentados. Atos 2:2 (ACRF)

Portanto o Espírito Santo desceu como um vento, sobre eles vindo de cima, e preencheu o lugar todo onde estavam sentados. E então se preencheu o lugar todo onde estavam, quer dizer que cada um deles ficou rodeado e imerso pelo Espírito de Deus que veio sobre eles. Em seguida está escrito, "todos eles foram cheios" individualmente. Receberam o Espírito dentro de si. Relata então que começaram a falar em outras línguas conforme o Espírito lhes concedia que falassem.

Temos aqui então as três fases: **imersão de cima** (o batismo tipo nas Cataratas do Niagara): **o beber ou receber no interior; e o transbordar sobrenatural, a manifestação em língua nova.** Jesus disse muito claramente como um crente pode receber o batismo no Espírito Santo, em João 7:37-38, Ele diz:

E no último dia, o grande dia da festa, Jesus pôs-se em pé, e clamou, dizendo: Se alguém tem sede, venha a mim, e beba. Quem crê em mim, como diz a Escritura, rios de água viva correrão do seu ventre. (ACRF)

Para receber o batismo, tens de te dirigir àquele que batiza, Jesus. Ele imerge-te de cima no Espírito Santo, e tu absorves, bebes para dentro. Este é o ato individual e pessoal de receber. O beber faz este ato não ser coletivo mas individual. Porque és a única pessoa que podes beber por ti próprio. Ninguém o pode fazer por ti. Este é um ato que cada indivíduo tem de fazer por si próprio. Alguém referiu o antigo provérbio, "Podes levar um cavalo até à água, mas não o podes obrigar a beber." Podes levar um Batista ao batismo, mas não o podes obrigar a beber. Cada pessoa tem de receber por si próprio, individualmente. Isto não se refere apenas a batistas, pois, aplica-se a todos os outros. Este é o ato de receber mas a consumação é o transbordar. Mateus 12:34:

… Pois do que há em abundância no coração, disso fala a boca.(ACRF)

Quando o coração está preenchido até transbordar, aonde haverá o despejo? Através da boca. De que forma? Em palavras. A minha versão atual disso é, quando o coração está cheio até ao ponte de transbordar, transborda com palavras que saem da boca.

Do que há em abundância no coração, disso fala a boca.

Quando o coração tiver cheio com o Espírito Santo, o resultado seguinte é o transbordar.

Rios de água viva correrão do seu ventre. Isto ele disse a respeito do Espírito.

Portanto, a experiência completa é: imersão, beber (receber no interior) e em seguida é consumado pelo transbordamento, a manifestação sobrenatural na língua desconhecida. É então assim a **provisão total de Deus:**

  - **Arrepende-te, a mudança interior;**
  - **Sê batizado, o ato externo;**
  - **Recebe o Espírito Santo, o revestimento sobrenatural para uma vida Cristã eficaz.**

Ao concluir, quero mostrar brevemente um padrão do Antigo Testamento. E vou ilustrar isto com 1 Coríntios 10:1-2, onde o apóstolo Paulo diz,

Porque não quero, irmãos, que vocês ignorem o fato de que todos os nossos antepassados estiveram sob a nuvem e todos passaram pelo mar. Em Moisés, todos eles foram batizados na nuvem e no mar. (NVI)

E então diz no versículo 6, *"Essas coisas ocorreram como exemplos para nós, para que não cobicemos coisas más, como eles fizeram."* (NVI)

e no versículo 11,

Essas coisas aconteceram a eles como exemplos e foram escritas como advertência para nós, sobre quem tem chegado o fim dos tempos.(NVI)

Quer dizer, o registo da libertação dos israelitas do Egito, no Antigo Testamento, é escrito especialmente para nosso benefício, porque contem figuras, imagens ou padrões do que Deus requer para / de nós no Novo Testamento. E então descobrirás que o Novo Testamento fala acerca da libertação de Israel do Egito, como salvação. Na epístola de Judas, no quinto versículo, diz, *"havendo o Senhor salvo um povo, tirando-o da terra do Egito,"*. Como aconteceu a salvação? Em três fases. A primeira fase foi no Egito, a fé no sangue do Cordeiro Pascal, morto para cada família. E em 1 Coríntios 5:7 está escrito,

Porque Cristo, nossa páscoa, foi sacrificado por nós.(ACRF)

A primeira experiência da salvação, é fé no sangue do Senhor Jesus Cristo, o Cordeiro de Deus que tira o pecado do mundo. Mas tendo aceite o sangue do Cordeiro, Israel não ficou no Egito. Na mesma noite, foi-lhes mandado que, com urgência, saíssem às pressas com os cajados nas mãos e os seus lombos cingidos. Enquanto saíam, foram submetidos a um duplo batismo. Está escrito assim,

Porque não quero, irmãos, que vocês ignorem o fato de que todos os nossos antepassados estiveram sob a nuvem e todos passaram pelo mar. Em Moisés, todos eles foram batizados na nuvem e no mar. 1 Coríntios 10:1-2 (NVI)

Foram sujeitos a um duplo batismo que foi o culminar da sua libertação do Egito. Agora, a palavra "batismo" usada por Paulo em 1 Coríntios 10, mostra-nos o que figurava a libertação de Israel. Eles foram salvos pela fé no sangue do cordeiro, Jesus Cristo, e foram então sujeitos a um duplo batismo: na nuvem e no mar. A que corresponde o batismo na nuvem? O batismo no Espírito Santo. A que corresponde o batismo no mar? O batismo na água. Reparem, esta nuvem desceu sobre os israelitas vinda de cima. Ficou à frente deles. Mas quando os egípcios os perseguiram e se aproximavam, moveu-se para trás deles. Assim cada israelita, individualmente, entrou nela, trespassou-a, e saiu da nuvem. Cada israelita imergiu na nuvem que desceu sobre eles. Foi um batismo genuíno, uma imersão genuína. No dia seguinte foram até às águas do Mar Vermelho, que milagrosamente se separaram, passaram e surgiram no outro lado. Assim Israel foi salvo, no Antigo Testamento, pela fé no sangue do Cordeiro, por um duplo batismo: na nuvem, no mar. Qual é provisão de Deus correspondente no Novo Testamento? Fé no sangue de Senhor Jesus Cristo, para remissão dos pecados, seguido por um duplo batismo: na nuvem (no Espírito Santo) e no mar (na água).

E então está escrito que estas coisas são exemplos para nós. São escritas para serem figuras ou padrões para nós, sobre os quais o fim dos tempos chegará. Não podia ser mais claro. A libertação completa de Deus fora do Egito é tripla: Fé no sangue do Cordeiro, um batismo na nuvem e um batismo no mar.

Qual foi o resultado disso para Israel? Vamos ver isso rapidamente no fecho. **O que é que foi providenciado? O sangue** deu justiça; foram feitos justos diante de Deus. **A nuvem** deu proteção, conforto e direção; foi o líder por toda a caminhada no deserto. **E o mar** providenciou a separação final dos seus inimigos para uma vida nova com um novo líder, novas leis e novo destino. Somos sepultados com Cristo. E levantamo-nos para caminhar com ele em novidade de vida. **Essa é a provisão de Deus completa, e é a resposta de Deus, quando um crente ou outra qualquer pessoa vem até Ele e pergunta, "O que tenho de fazer?" Arrepende-te, sê batizado e recebe o Espírito Santo.**

Meu pai, agradeço-Te pela claridade da Tua Palavra. Agradeço-Te por teres tornado tão claro tudo o que esperas que façamos, tanto pelas instruções como pelo padrão apresentado. E oro, Senhor, para que o Espírito de Deus torne estes requisitos verdadeiramente claros. Mostra a pessoa que lê esta carta como e onde está com Deus. E faz com que cada leitor esteja disposto fazer tudo o que ordenares, de acordo com a Tua Palavra. Para essa libertação total do mundo, e entrada no Reino de Deus. E Senhor, em tudo o que fazes, seremos cuidadosos em dar louvor e glória a Ti. Em nome de Jesus. Ámen

Esta carta é baseada na gravação nº 2001:
ENTRANCE INTO GOD'S KINGDOM

EDITORA UM ÊXODO
Caminho Novo, Lote X, Feteira 9700-360 Angra do Heroísmo
E-mail: umexodo@gmail.com